Bibliografische Information der Deutschen Nationalbibliothek:

Die Deutsche Bibliothek verzeichnet diese Publikation in der Deutschen National-
bibliografie; detaillierte bibliografische Daten sind im Internet über http://dnb.d-
nb.de/ abrufbar.

Impressum:

Copyright © 2016 GRIN Verlag, Open Publishing GmbH
Druck und Bindung: Books on Demand GmbH, Norderstedt Germany
ISBN: 978-3-668-20333-4

Dieses Buch bei GRIN:

http://www.grin.com/de/e-book/321033/die-zukunft-der-datenspeicherung-welche-
neuen-arten-haben-es-geschafft

Christopher Gondermann

Die Zukunft der Datenspeicherung. Welche neuen Arten haben es geschafft, sich auf dem Markt zu etablieren?

GRIN Verlag

GRIN - Your knowledge has value

Der GRIN Verlag publiziert seit 1998 wissenschaftliche Arbeiten von Studenten, Hochschullehrern und anderen Akademikern als eBook und gedrucktes Buch. Die Verlagswebsite www.grin.com ist die ideale Plattform zur Veröffentlichung von Hausarbeiten, Abschlussarbeiten, wissenschaftlichen Aufsätzen, Dissertationen und Fachbüchern.

Besuchen Sie uns im Internet:

http://www.grin.com/

http://www.facebook.com/grincom

http://www.twitter.com/grin_com

Die Zukunft der Datenspeicherung

1. Einleitung

Die Techniken der Datenspeicherung schreiten immer schneller voran, am Anfang der Entwicklung stand lange Zeit die Lochkarte, seit diesem Zeitpunkt wurden Entwicklungen in immer kürzeren Abständen vorgestellt. Über Disketten, Festplatten und USB-Sticks gab es immer neuere Möglichkeiten, die steigende Flut an Daten zu speichern.

In dieser Arbeit werde ich die neuen Arten der Datenspeicherung vorstellen, die es geschafft haben, sich auf dem Markt zu etablieren. Am Anfang werde ich mich mit der Thematik von zentraler oder dezentraler Datenspeicherung beschäftigen und die Vor- und Nachteile dieser Art der Speicherung beleuchten. Anschließend werde ich verschiedene Techniken des Speicherns aufzeigen, wie die rotierende Festplatte von der SSD abgelöst wird und wie In-Memory-Speicher es möglich machen, riesige Datenmengen in kurzer Zeit zu analysieren und somit Big-Data völlig neue Türen öffnet. Darauf aufbauend werde ich auf Software-defined-Storage eingehen und aufzeigen, welche Möglichkeiten sich daraus ergeben, mit dieser Software verschiedenste Hardwarekomponenten effektiv zu nutzen.

Danach wird die Cloud mit all ihren Facetten erklärt und Pro und Kontra diskutiert. Wie sich die Chancen und Risiken auf die Entwicklung der Cloud auswirken, welche Hürden überwunden werden müssen, damit sich die Cloud durchsetzen kann und was Unternehmen bei der Umstellung auf Cloud-Computing zu beachten haben. Ich werde in diesem Zusammenhang auch auf das Problem der Bandbreite bei der Nutzung von Cloud-Services eingehen, da dies ein zentrales Thema bei der erfolgreichen Einführung der Cloud in Unternehmen ist. Denn wenn die Verbindung zwischen Cloud und Unternehmen träge ist, nützen auch die besten Cloud-Services wenig.

Anschließend werde ich darlegen, warum diese Techniken Bestehendes verdrängen und zu einem technologischen Fortschritt führen. Zum Schluss ziehe ich mein Fazit und lege meine Einschätzung zur weiteren Entwicklung dar. Ziel der Arbeit ist es, die Richtung aufzuzeigen, in welche sich die digitale Datenspeicherung am wahrscheinlichsten entwickelt. Nicht in diese Arbeit mit einbezogen wurden Speichertechniken, die wirtschaftlich betrachtet keinen Anwendungsbereich aufweisen, da sie bislang nur Nischen bilden und eine breite Anwendung noch in zu weiter Zukunft liegt.

2. Zentrale und dezentrale IT

Zentrale oder dezentrale Datenspeicherung haben beide Vor- und Nachteile. Die Vorteile zentraler Speicherung sind ein einheitlicher Standard und einfache Kommunikation zwischen den einzelnen Abteilungen und gegebenenfalls verschiedenen Standorten. Schnittstellenprobleme werden schnell erkannt und es kann sichergestellt werden, dass die Systeme untereinander kompatibel sind. Dadurch hat man einheitliche Daten vorliegen, wodurch Big-Data-Analysen deutlich vereinfacht werden. Ein weiterer Vorteil zentraler IT sind Skaleneffekte sowie die Datensicherheit, da sie einfach verwaltet werden kann. Dies spart Kosten.

Dezentrale Datawarehouses haben die Stärke, dass sie nicht so schnell überlastet werden können, da das DWH in viele kleine Data-Marts eingeteilt wird und jede Einheit nur von einer Abteilung beansprucht wird.

Dezentrale IT hat den Vorteil, dass es einfacher ist, spezielle Lösungen zu entwickeln und anzuwenden. Abstimmung mit der zentralen IT fällt weg, die Dienstwege verkürzen sich, da sich Lösungen schneller und flexibler einsetzen lassen. Dadurch sind Mitarbeiter einzelner Abteilungen zufriedener, weil sie ihre eigenen Anwendungen nutzen können. Außerdem ist der Informationsverlust bei der Vergabe von Aufträgen an andere Firmen geringer. Allerdings entstehen dadurch auch viele verschiedene „Insellösungen", die sich nur schwer mit der IT anderer Abteilungen synchronisieren lassen. Oft hat man auch das Problem, dass die einzelnen Abteilungen nicht an dem gemeinsamen Ziel arbeiten, wodurch wiederum individuelle Excel-Tabellen entstehen.

Dezentrale IT kann allerdings nur bestehen, wenn ein Echtzeitdatenaustausch der Geräte untereinander gewährleistet werden kann. Wenn man sich allerdings die Trends wie Industrie 4.0, Big-Data und Bring-your-own-Device (BYOD) ansieht, ist es unter Umständen sinnvoller auf eine zentrale IT zu setzen und die Sicherheit dieses Systems zu gewährleisten.[1]

Wollen Nutzer überhaupt eine zentrale Speicherung?

Mittlerweile hört man aus jeder Ecke, dass die Cloud und damit die zentrale Speicherung die Zukunft ist. Doch eigentlich ist das Internet dezentral aufgebaut. Die Nutzer speichern Daten auf ihren eigenen Rechnern, auf denen sichergestellt ist, dass nur sie auf ihre Daten zugreifen können. Dies bliebe auch für die Zukunft eine Option, wenn Nutzer kein Vertrauen zur Cloud aufbauen. Ebenso könnten Daten des Nutzers, wie z.B. seine Fitness-Daten, nur lokal auf dem Smartphone gespeichert werden, anstatt

---

[1] (http://www.com-magazin.de/praxis/business-it/zentrale-versus-dezentrale-it-infrastruktur-968695.html?page=2_der-goldene-mittelweg-an-stelle-von-patentrezepten, zuletzt geprüft am 03.12.2015)
(http://www.computerwoche.de/a/logistik-it-besser-zentral,2551308, zuletzt geprüft am 18.11.2015)

sie an den Server des Herstellers zu senden. Diesen Datenschutz müssten sich die Hersteller, die sich auch durch den Verkauf dieser Daten refinanzieren, vom Nutzer entgelten lassen.

3. HDD vs. SSD

3.1. Vor und Nachteile

Herkömmliche Hard Drive Disks (HDD) sind mittlerweile sehr preiswert geworden und haben große Speicherkapazitäten, die Technik ist verlässlich und man kann sie fast unendlich oft wiederbeschreiben, wenn man den natürlichen Verschleiß durch die Rotation außer Acht lässt. Die neuen Generationen werden durch die Weiterentwicklung der Technik immer größere Speicher hervorbringen und haben akzeptable Lese- und Schreibgeschwindigkeiten. Die HDD-Industrie geht davon aus, noch ca. 4 Jahre mit steigender Speicherkapazität produzieren zu können und dabei einen Kostenvorteil im Gegensatz zu SDD aufrechterhalten. So hat Western Digital eine Technik entwickelt, die durch den Einsatz von Helium eine größere Anzahl an Disks in der Festplatte ermöglicht und somit mehr Speicherplatz bietet. Gleichzeitig wird weniger Energie verbraucht und geringere Wärme erzeugt, da Helium eine geringere Dichte und damit weniger Reibung erzeugt. Eine andere Technik ist die des Heat-Assisted-Magnetic-Recordings (HAMR), bei dieser Entwicklung wird der Teil der zu beschreibenden Disk vor dem Schreibvorgang mit einem Laser stark erhitzt, somit ist es möglich ist bis zu 60 Terabyte auf einer Festplatte zu speichern.

Solid State Drive (SSD) ist deutlich schneller und etwas energiesparender, haben im Moment jedoch geringere Speicherkapazitäten und dadurch einen höheren Gigabytepreis. Zudem kann man sie nur ca. 10.000 Mal neu beschreiben, wodurch sich ihre Lebensdauer je nach Einsatz deutlich verkürzt. Die Hersteller arbeiten aber an immer besseren Techniken wie zum Beispiel 3D NAND, wodurch es möglich ist, die SSD etwa 30.000 Mal neu zu beschreiben und 1 Terabyte Speicher in einem Smartphone unterbringen zu können.[23]

Ein Problem der SSD ist die Datenrettung, falls das Modul beschädigt wird oder ein Firmwarefehler auftritt, da viele Hersteller die Rohdaten auf den Speicherchips automatisch verschlüsseln, ohne dass dafür ein Passwort eingegeben werden muss. Einen Mehrwert hat der Benutzer dadurch nicht, denn solange die SSD funktioniert kann jeder ganz normal darauf zugreifen. Wenn sie aber nicht mehr funktioniert, können selbst Spezialisten die Daten nicht mehr retten, da sie nicht herausfinden können welche Algorithmen die Controller der einzelnen Module der SSD haben. Die Hersteller der SSD müssten sicherstellen, dass es einheitliche Algorithmen für die Controller gibt, um dieses Problem zu

---

[2] (http://www.zdnet.com/article/the-future-of-storage-2015-and-beyond/, zuletzt geprüft am 03.12.2015)
(http://www.infostor.com/disk-arrays/future-of-data-storage-8-technologies-changing-storage-1.html, zuletzt geprüft am 03.01.2016)

[3] (http://www.notebookcheck.com/SSD-versus-HDD-im-Vergleich.18732.0.html)

beheben. Trotz alledem ist der Aufwand der Datenrettung bei SSD um ein vielfaches höher als bei normalen Hard Drive Disks, was sich aber auch daraus ableiten lässt, dass die Technik der HDD bereits lange am Markt etabliert ist.[4]

Unternehmen werden in der nächsten Zeit weiterhin auf ein geeignetes Mittelmaß zwischen günstigem und schnellem Speicher setzen. Daten, die häufig gebraucht werden, werden auf SSD gespeichert, andere Daten auf HDD. Durch Software-defined-Storage- Lösungen können Datenbank-Management-Systeme erkennen, welcher Speicher für welche Programme und Daten geeignet ist. Diese werden dann in den entsprechenden Speicher geladen und gewährleisten so eine optimale und vor allem schnelle Verfügbarkeit. Das In-Memory-Datenbanksystem verfügt über einen noch schnelleren Speicher als SSD, jedoch wird die breite Masse auf die Symbiose SSD/HDD zurückgreifen, da sie kostengünstiger ist. Diese Technik kann entweder in der eigenen IT angewendet werden oder wird von der Cloud bezogen.

3.2. Die weitere Entwicklung

In absehbarer Zukunft ist es fraglich, ob es weitere disruptiven Innovationen in dieser Richtung geben wird, welche die Symbiose zwischen HDD und SSD ersetzen, da der Markt für Speicher äußert hart umkämpft ist. Es gibt keine Möglichkeit, neue Produkte zu einem akzeptablen Preis/Leistungsverhältnis innerhalb einer angemessenen Zeitspanne am Markt zu positionieren, sodass sie mit den vorhandenen Produkten konkurrieren könnten. Die künftige Generation von SSD wird weniger fehleranfällig, haltbarer und energieeffizienter als die HDD sein. In ferner Zukunft wird das höhere Angebot der SSD den Preis fallen lassen und somit den rotierenden Speicher komplett verdrängen.[5]

---

[4] (http://www.computerwoche.de/a/die-geheimen-schwaechen-der-ssd,2501912,5, zuletzt geprüft am 09.12.2015)

[5] (http://www.pc-magazin.de/ratgeber/ssd-oder-hdd-hybrid-vorteile-nachteile-festplatten-ratgeber-1472408.html)

4. In-Memory-Speicher

4.1. Stärken und Schwächen

In-Memory-Speicher nutzt den Arbeitsspeicher wie eine herkömmliche Festplatte. Das Problem dabei ist, dass die Daten bei einem Stromausfall nicht gespeichert werden. Abhilfe schafft hier die Möglichkeit, umfangreiche Replikationen einzurichten, um Datenverlust zu vermeiden. In-Memory eignet sich vor allem für die Analyse großer Datenmengen, da alle Daten bereits im schnellen Hauptspeicher vorhanden sind und somit direkt verarbeitet werden können. Diese Eigenschaft ist für die Business Intelligence eine gute Möglichkeit schnelle Ergebnisse zu erhalten. Außerdem werden die Daten nicht mehr wie früher in Zeilen gespeichert, sondern es wird ein Mix zwischen Zeilen und Spalten orientierter Speicherung angestrebt, um schneller Daten schreiben und lesen zu können. Die Vorteile dieser Technik liegen im Entfall des Auslagerns der Prozesse, dadurch werden Schnittstellen vermieden und der Prozessor kann sein volles Potenzial ausreizen. Dadurch wird die Zeit des Speicherprozesses, des Lesens und Schreibens deutlich verkürzt, Big-Data-Analysen können so in kürzester Zeit erledigt werden und Unternehmensentscheidungen mit beeinflussen. Auch ist zu erwähnen, dass auf die Unterscheidung zwischen Analyse- und Transaktionsdaten verzichtet werden kann, da diese in Echtzeit ausgewertet werden können. Es sollten aber auch die Nachteile nicht außer Acht gelassen werden. Dazu gehört, dass es sich bei In-Memory um einen flüchtigen Speicher handelt, somit muss ein hoher Aufwand für Back-Ups betrieben werden. Um bei einem Datenverlust schnell Daten wieder laden zu können, müsste man beispielsweise ein zweites Rechenzentrum mit derselben Kapazität betreiben, wodurch weitere hohe Kosten entstehen. Ein festplattengestütztes Datenbanksystem ist trotz alledem von Nöten, um historische Daten zu archivieren.

Die In-Memory-Technik ist schon eine Weile am Markt und durch den Preisverfall der Hardware wird es in Zukunft günstiger werden, diese einzusetzen. In Unternehmen, in denen Analysen zu viel Zeit in Anspruch nehmen, sollte man über In-Memory nachdenken, es wird auch die Möglichkeit geben, diese Technik zur Beschleunigung schon vorhandener Datenbanken zu nutzen und dadurch effektiver zu gestalten.

Eines der größten sozialen Netzwerke plant ebenfalls mittelfristig, ein In-Memory-Speichersystem zu installieren um die Performance der Anfragen nochmals zu erhöhen und schnellere Latenzzeiten zu garantieren.

4.2. Die Lösung für Big-Data?

Um die heutigen riesigen Datenmengen zu speichern und zu organisieren bedarf es viel und schnellen Speicher, um rechenintensive Analysen der Daten ad-hoc bereitstellen zu können. Für diese Aufgabe setzen Unternehmen leider zu selten auf die Möglichkeiten, die In-Memory-Speicher an Rechenleistung für solche anspruchsvolle Analysen bereithält. In absehbarer Zeit werden

Unternehmen sich vermehrt nach dieser Art der Datenspeicherung umschauen müssen, um ihre Masse an Daten schnell auswerten zu können und sie in Unternehmensentscheidungen mit einfließen zu lassen, wodurch messbare Wettbewerbsvorteile durch Prozessoptimierung, Energieeffizienz und Ressourcenplanung generiert werden können.

Die Ansprüche an Big-Data werden immer größer. Bisher rechnet man damit, dass die Datenmenge bis zum Jahr 2050 kontinuierlich auf bis zu 4,4 Yottabyte steigen wird. Das bedeutet, dass Speicherinfrastrukturen in Zukunft deutlich flexibler auf Veränderungen reagieren müssen. Für Unternehmen wird es immer wichtiger, dass keine Daten verloren gehen und sie sich schneller wiederherstellen lassen. Dafür braucht man vereinbarte Service-Level-Agreements (SLA) um diese Sicherheiten zu gewährleisten. Viele Unternehmen arbeiten bereits daran, ihre Insellösungen zu zentralisieren, um dadurch SLA's einfacher aufzusetzen und die Kosten für Datenschutz und Datenspeicherung zu minimieren.

Cloud-Storage bietet ebenfalls In-Memory-Speicher an. Es wäre also möglich, solche rechenintensiven Analysen als Service zu beziehen, vorausgesetzt die Internetverbindung ist schnell und stabil genug, um die Ergebnisse zeitnah zu präsentieren. Somit könnte man von einer perfekten Allianz zwischen Cloud und Big-Data sprechen. [6]

5. Software-defined-Storage, die Virtualisierung der Datenspeicherung

Es gibt keine einheitliche Definition von SDS. Die Idee wurde zuerst an Servern angewandt, jetzt werden auch Speicher virtualisiert und damit über physische Grenzen hinweg nutzbar. Ohne eine Beschränkung durch ein physisches System lässt sich Speicher effizienter nutzen. Meistens hat SDS auch ein Policy-Management, welches doppelte Dateien erkennt, eliminiert und automatisch Back-Ups erstellt. Man hat die Möglichkeit Service-Niveaus zu definieren, ohne dabei Rücksicht auf die Hardware zu nehmen. Die Standardhardware ist je nach Aufgabenbereich vollkommen ausreichend. Man kann über Flash, Hybrid oder Hard Discs alles einsetzen, wodurch man ein individuelles Datacenter erstellt. Durch die Software lassen sich die Anforderungen an die Leistung und Kapazität schnell anpassen und flexibel auf neue Gegebenheiten im Unternehmen einstellen. Die Leistung lässt sich einfach durch Ankauf neuer Hardware erweitern, da die eigentliche Arbeit die Software macht und es ist beliebig skalierbar. Somit eignet sich ein SDS auch für rechenintensive Anwendungen und Cloud-Computing, bei denen große Datenmengen an viele Nutzer bereitgestellt werden müssen.

---

[6] (http://www.speicherguide.de/management/big-data/big-data-mehr-als-nur-speichern-grosser-datenmengen-15380.aspx, zuletzt geprüft am 04.12.2015)
(Plattner, H., & Zeier, A. (2011). In-Memory Data Management – An Inflection Point for Enterprise Applications. Springer.)

Üblicherweise braucht SDS weniger Hardware als ähnliche, leistungsstarke Systeme, wodurch weniger Platz für ein Rechenzentrum gebraucht und auch geringere Lizenzgebühren für die Software anfallen. Außerdem bedeutet ein kleineres System auch weniger Energiebedarf, wodurch SDS äußerst effizient arbeiten kann.

Ein Beispiel für den Einsatz von SDS ist Facebook, das Unternehmen nutzt diese Technik schon eine ganze Weile erfolgreich, denn es garantiert niedrige Latenzzeiten, schnellen Zugriff auf häufig abgefragte Daten und genug Speicherkapazität für alle Daten seiner Nutzer. Aber auch die Skalierbarkeit und Ausfallsicherheit des Speichers spielt bei solch einer Menge an Daten eine große Rolle. Diese Faktoren wären bei einem herkömmlichen Speichersystem mit deutlich höherem Kostenaufwand verbunden. Doch mit SDS lassen sich günstige Standardserver betreiben, welche mit SSD und herkömmlichen HDD ausgestattet sind, wodurch eine optimale Performance erzielt wird. Die Anforderungen an Data-Centers steigen kontinuierlich, sie sollen immer bessere Performance mit weniger Hardware realisieren, SDS bietet den IT-Abteilungen ein geeignetes Mittel, diese Ziele zu erreichen.[7]

6. Cloud Computing

Die Cloud unterscheidet sich vom Grid-Computing dadurch, dass Grid-Computing ein Zusammenschluss von Computern ohne eine zentrale Steuerung ist. Beim Cloud-Computing wird der Service zentral von einem Anbieter verwaltet. Cloud-Services unterteilen sich in 3 Ebenen, die aufeinander aufbauende Dienste anbieten.

Die Cloud bietet zwar keine neue Technik der Speicherung an, dennoch gehört sie zu meinem Thema, da sie die Techniken in einem anderen Rahmen, dem des Service anbietet. Man braucht sich nicht selbst die Techniken kaufen, sondern mietet sie einfach übers Internet an. Damit entfallen auch die eigenen IT-Abteilungen, die man verkleinern kann bzw. sogar ganz auslagern, je nach Art des Bedarfs und den Datenschutzansprüchen des Unternehmens.

6.1. Die 3 Ebenen des Cloud-Computings

Software as a Service (SaaS) bedeutet, dass die Software als Dienstleistung angeboten wird. Dies ermöglicht es vor allem kleinen und mittelständischen Unternehmen Software, die zuvor teuer gekauft und mit einem eigenen Rechenzentrum betrieben wurde, zu nutzen, da sie als Service verbrauchsgerecht abgerechnet werden kann. Dadurch werden fixe Kosten durch variable ersetzt und

---

[7](http://www.tecchannel.de/storage/management/2045834/software_defined_storage_schafft_flexibilit aet/, zuletzt geprüft am 18.11.2015)
(http://www.searchstorage.de/definition/Software-defined-Storage-SDS, zuletzt geprüft am 18.11.2015)

das Investitionsrisiko sinkt erheblich, somit kann sich das Unternehmen auf sein Kerngeschäft konzentrieren und benötigt keine eigene IT-Abteilung mehr. Ebenso hat diese Technik Vorteile für den Anbieter des SaaS, da sie planbare monatliche Einnahmen generieren und Softwarepiraterie ausschließt, ebenso können sie den Service weltweit anbieten und erweitern ihren Kundenkreis.

Unter dem Begriff Infrastructure as a Service (IaaS) versteht man, dass Infrastruktur wie Rechenleistung oder Speicher zur Verfügung gestellt wird. Somit können Unternehmen diese Leistungen bedarfsgerecht nutzen und brauchen dafür keine eigene IT mehr zu unterhalten. Ebenso können sie durch die Skalierbarkeit der Infrastruktur schneller auf die Gegebenheiten des Marktes reagieren, somit werden die Abnehmer deutlich flexibler, Wachstum und Schrumpfung sind einfacher realisierbar.

Platform as a Service (PaaS) bezeichnet die Stufe zwischen IaaS und SaaS. Es werden damit Entwicklerwerkzeuge, Datenbanken sowie technische Frameworks zur Verfügung gestellt, die es ermöglichen, benutzerspezifische Software zu entwickeln und zu betreiben. Durch PaaS wird also SaaS erst möglich.

Durch Business Process as a Service (PBaaS) hat der Kunde die Möglichkeit, alle für seinen Geschäftsbetrieb erforderlichen IT-Ressourcen und nicht IT-Ressourcen, wie z.B. Personal, von seinem Anbieter zu beziehen, welcher anschließend die Prozesse für seinen Kunden ausführt.[8]

Die Cloud unterteilt sich abermals in verschiedene Bereiche je nach Art und Ort der Speicherung. Es wird zwischen 4 Arten von Clouds unterschieden:

-Private Cloud

-Community Cloud

-Public Cloud

-Virtual Public Cloud.

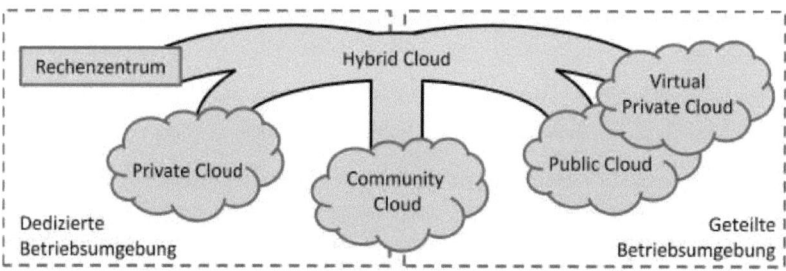

(Quelle: http://wirtschaftslexikon.gabler.de/media/652/21371394.jpeg)

---

[8] (http://wirtschaftslexikon.gabler.de/Definition/cloud-computing.html, zuletzt geprüft am 19.11.2015)

Die Private Cloud ist, wie der Name schon sagt, eine private fest zugeschriebene Cloud, beispielsweise für ein Unternehmen. Bei dieser Art lassen sich Skaleneffekte nur schwer nutzen, da sie meistens nicht die benötigte Größe erreichen. Außerdem hängt die Elastizität des Servers von der Anzahl der Nutzer ab, die gleichzeitig darauf zugreifen, da Mitarbeiter meist gleichzeitig darauf zugreifen. Infolge einheitlicher Arbeitszeiten kann es zu Lastspitzen kommen.

Die Community Cloud, ist eine Private Cloud, bei der sich allerdings z.B. mehrere Firmen eine Cloud teilen, wodurch Skaleneffekte ausgenutzt werden können.

Die Public Cloud ist jedem zugänglich ob Privatperson oder Firma, jeder kann dort IT-Ressourcen buchen und nutzen, durch die hohe Anzahl an Nutzern ist diese Art der Cloud auch die kostengünstigste und Skaleneffekte können besonders gut ausgenutzt werden.

Die Virtual Public Cloud ist eine Art der Public Cloud, allerdings nicht physikalisch, sondern nur virtuell abgegrenzt.

Letztendlich ist die Hybrid Cloud der Zusammenschluss der 4 Arten, sie kombiniert die Cloud-Typen, die Unterschiede ergeben sich durch Anforderungen und Sicherheitsstufen.

6.2. Private Cloud/Public Cloud

Private Clouds kann man intern über die unternehmenseigene IT betreiben oder durch einen Service-Anbieter auch extern beziehen und den Zugang über Virtual Private Network (VPN) beschränken. Durch den Aspekt, dass eine Private Cloud abgeschottet vom übrigen Internet agiert, bietet sie mehr Sicherheit als eine Public Cloud, allerdings ist sie auch teurer.

Public Clouds haben den Vorteil, dass man ihre Ressourcen flexibel einsetzen kann und sie im Verhältnis zur Privat Cloud kostengünstiger ist.

Daraus ergibt sich, dass eine Hybrid Cloud aus den beiden Arten die nahezu perfekte Lösung für Unternehmen wäre, sie bietet ein hohes Maß an Sicherheit und ist preiswerter als eine reine Private Cloud.

Weitere Vorteile der Hybrid Cloud wären die flexible Nutzung von Ressourcen, durch die Skalierbarkeit, sodass man innerhalb kürzester Zeit Rechenleistung und Speicher beziehen kann.

Nachteil dieser Art ist, die Zunahme der Komplexität des Datenmanagements. Dies führt zu einem höheren Aufwand für die IT-Struktur. Das IT-Personal muss geschult werden, um eine korrekte Konfiguration des Systems zu gewährleisten und damit das Risiko, dass Daten in der „falschen" Cloud gespeichert werden könnten zu minimieren.[9]

---

[9] (http://www.pcwelt.de/ratgeber/Cloud-Geschaeftsmodelle-1486127.html, zuletzt aktualisiert am 04.03.2011, zuletzt geprüft am 19.11.2015)

6.3. Chancen und Risiken

Die Ergebnisse aus Umfragen von Unternehmen, die bereits Cloud-Dienste nutzen, ergaben postive Erfahrungen bei der Anwendung. Außerdem haben diese Unternehmen einen klaren Vorteil gegenüber anderen, welche die Dienste nicht in Anspruch nehmen.

Vor allem in den Vorstandsebenen ist man von Cloud-Computing begeistert, allen voran wird die Kostenersparnis, die Skalierbarkeit und die flexible Nutzung (Pay-per-use) positiv erwähnt. Dadurch das Unternehmen dynamischer auftreten, haben sie auch höhere Ansprüche an ihre IT, welche durch Cloud-Services wie beispielsweise Salesforce oder Google bedient werden können.

Die Cloud wird sich durchsetzen, wenn die Anbieter Datensicherheit, Zuverlässigkeit und Compliance garantieren können und die Benutzer Vertrauen aufgebaut haben. Außerdem müssen die sie die Verträge transparenter gestalten. Es muss klar geregelt werden, wo die Daten gespeichert werden, etwa bei einem Subunternehmer im Ausland oder in Deutschland. Wie werden die Services abgerechnet? Was passiert bei Minderleistung und was geschieht bei Datenverlust? [10]

Die Anforderungen an Cloud-Angebote werden sich besser untereinander integrieren und kombinieren lassen. Es ist unwahrscheinlich, dass ein Unternehmen alles von einem Anbieter bezieht, da dadurch zu große Abhängigkeit entstehen könnte. Doch auch zu diesem Thema gibt es bereits Lösungsansätze von IBM, der Multi-Cloud-Storage soll Private Clouds und Public Clouds verbinden. Dazu sei es möglich, Daten in Echtzeit zu verschieben und Service-Ausfälle von einzelnen Anbietern zu minimieren. Dazu ist es allerdings nötig, dass Cloud-Services standardisierter werden. Das Arbeiten mit Cloud-Angeboten wird zur Regel, so wie es heute selbstverständlich ist, Online zu sein.

Als Risiko sehen manche Unternehmen auch den hohen Aufwand, ihre Prozesse an die Cloud-Services anzupassen. Außerdem ist es manchmal nicht möglich, diese Prozesse in der Cloud abzubilden, da sie meist nur hochstandardisierte Services anbieten. Dazu käme, dass die Mitarbeiter für das neue System geschult werden müssten, was teils sehr zeitintensiv und aufwendig ist und hohe Kosten verursacht. [11]

Allerdings sollte man sich auch kritisch mit dem Thema Cloud auseinandersetzen, zwar gibt es günstige Starterpakete, aber je mehr Cloud-Services in Anspruch genommen werden und je mehr Konnektoren man benötigt, desto teurer wird auch der Service. Es wird oft davon gesprochen, dass

---

[10] (Cloud Computing im Mittelstand, PricewaterhouseCooper AG, Auflage Mai 2011, S. 31)

[11] (http://www.computerwoche.de/a/paas-anbieter-im-vergleich,3066351, zuletzt geprüft am 08.11.2015)
(http://www.pwc.de/de/prozessoptimierung/cloud-computing-gehoert-die-zukunft.html, zuletzt geprüft am 05.11.2015)
(http://cloud.t-systems.de/cloud-themen/big-data, zuletzt geprüft am 03.12.2015)
(http://www.itbusinessedge.com/slideshows/holographs-liquid-state-and-dna-the-future-of-data-storage-07.html, zuletzt geprüft am 03.01.2016)
(http://www.pwc.de/de/prozessoptimierung/die-unternehmens-it-zieht-es-mehr-und-mehr-in-die-wolke.html, zuletzt geprüft am 02.12.2015)

man nur das zahlt, was man verbraucht, aber sobald das Datenvolumen wächst, steigen auch die Kosten überproportional und genau an diesem Punkt treten viele Vorstände in die Kostenfalle von Cloud-Computing. Insofern sollte man die Entscheidung, die Cloud als Lösung der IT-Probleme zu nutzen, immer hinterfragen. Große und mittelständische Unternehmen sollten nicht alle ihre Geschäftsprozesse auslagern, zu groß wäre die Gefahr der totalen Abhängigkeit und die Gefahr des Knowhow-Verlusts. Das wohl bekannteste Beispiel ist der Umgang von Amazon mit Wikileaks. Unter Umständen wäre es auch sinnvoll für Unternehmen, ihre eigenen Clouds zu verwalten und Leistungsspitzen in externe Clouds auszulagern.[12]

6.4. Bandbreite als Flaschenhals der Cloud

Unternehmen, die Cloud-Services nutzen möchten, insbesondere Storage, brauchen eine gute Anbindung an das Wide Area Network (WAN), um hohe Latenzzeiten, Paketverlustraten und niedrige Bandbreiten zu vermeiden, da sich sonst die Vorteile der Cloud selbst eliminieren.

Bei vielen Unternehmen stehen im Zusammenhang mit Cloud-Computing das Optimieren von Geschäftsprozessen und die Einbindung in das eigene IT-System, um den Zugriff auf Dienste zu gewährleisten. Weniger Beachtung findet leider die Netzinfrastruktur, obwohl sie den Flaschenhals zwischen Cloud und Unternehmen bildet. Hohe Latenzzeiten und große Datenpaketverlustraten können sich schädlich auf die Performance auswirken und die Zuverlässigkeit des Systems gefährden.

Diese Probleme entstehen vor allem bei WAN. Benutzer versuchen mit Hilfe von mehr Servern des Cloud-Anbieters oder einer größeren Bandbreite der WAN-Strecke, diese Umstände zu beseitigen, allerdings mit wenig Erfolg. Die Schwierigkeit besteht darin, die benötigten Ressourcen vorherzusagen, um eine gleichmäßige Netzwerkperformance zu gewährleisten. Schwankungen können die Effizienz von internen Datacenters und anderen mobilen Anwendern beeinträchtigen, die auf die Cloud-Services zugreifen.

Unternehmen müssen allerdings mit solchen Schwankungen rechnen, die dadurch entstehen, dass Anwendungen und Daten zentral in der Cloud gespeichert sind und viele Nutzer von verschiedenen Orten und Zeiten darauf zugreifen. Dies erschwert es, eine zuverlässige Prognose über die Auslastung des Netzes zu erstellen. Die Cloud ist anfällig für Schwankungen der Bandbreite, Latenzzeiten und Netzqualität in Wide Area Networks. Derartige Lastspitzen lassen sich bei Cloud-Computing leider nicht vermeiden. Es hilft also nur, darauf vorbereitet zu sein.

Bandbreite, Latenzzeiten und Netzqualität sind die zentralen Eigenschaften, wenn es um zuverlässige Cloud-Anbindung geht. Um diese zu ermöglichen ist es nötig, die Wide Area Network Verbindungen

---

[12] (http://www.computerwoche.de/a/6-irrtuemer-bei-der-cloud-integration,2506424,2, zuletzt geprüft am 04.12.2015)
(http://www.cio.de/a/cloud-computing-und-die -angst-vor-versteckten-kosten,2214079)

zu optimieren. Diese Technik ermöglicht es, das Datenaufkommen um 90% zu reduzieren, wodurch mehr Raum für andere Anwendungen entsteht. Benutzer sollten dabei auch darauf achten, dass sie eine Virtual-WAN-Optimierungssoftware nutzen. Da der Trend zu virtuell verwalteten Speichersystemen geht, ist es sinnvoll, auch Virtual-WAN-Software zu nutzen, welche die Voraussetzung zum Übertragen von großen Datenmengen ist. Durch die Verknüpfung dieser beiden Systeme ist ebenso sichergestellt, dass die Cloud-Services jederzeit verfügbar sind.

Auch zu erwähnen ist, dass die IT-Abteilungen der Unternehmen mit der Virtual-WAN-Software das Netzwerk vor Überlastspitzen, Engpässen bei der Bandbreite und hohen Latenzzeiten schützen beziehungsweise die Probleme abfedern können.

Zur Optimierung des WAN gibt es drei Ansätze. Der erste Ansatz ist, die Protokolle zu beschleunigen und somit die Latenzzeiten zu minimieren. Der Zweite beinhaltet die Datenpaketverluste zu reduzieren. Diese entstehen, wenn Router oder Switches überlastet werden oder WAN-Links falsch konfiguriert sind.

Außerdem ist es bedeutend für Cloud-Computing, dass wichtige Daten, etwa wie Videos, schneller durchs Netzwerk gelangen. Dazu benötigt die Virtual WAN-Software ein Quality-of-Service-Verfahren, welches Datenpakete erkennt und dementsprechend vorrangig oder nachrangig behandelt.

Der dritte Ansatz ist die Reduzierung der Datenpakete, wodurch mehrfach vorhandene Pakete nur einmal übermittelt werden und anschließend nur noch sogenannte „Zeiger", die dem System sagen, wie oft dieses Paket gebraucht wird, übermittelt. Auf diese Art wird das Netzwerk effektiver, da mehr Platz für andere Anwendungen entsteht.

Der Vorteil einer Virtual-WAN-Optimierungssoftware ist, dass sich mehr Daten in kürzerer Zeit im vorhandenen Netzwerk verarbeiten lassen.

Für die Nutzung von SaaS-Angeboten sind einfache DSL-Anschlüsse ausreichend, da hier keine kompletten Dokumente übertragen werden, sondern nur einzelne Informationen. Der Bedarf steigt aber deutlich weiter an, je tiefer die Nutzung geht, beispielsweise braucht man bei PaaS schon deutlich mehr Bandbreite in etwa 10Gb/s und bei IaaS 100Gb/s, da in diesem Bereich große Datenmengen ständig bewegt werden müssen.[13]

---

[13] (http://www.cloudcomputing-insider.de/wan-optimierung-als-zentrales-element-von-cloud-computing-a-430736/, zuletzt geprüft am 17.12.2015)

7. Warum wirken diese Innovationen disruptiv?

Die vorher erläuterten Arten zur Datenspeicherung wirken disruptiv, da sie vorhandene Techniken in Nischen verdrängen und schließlich ersetzt werden. Aktuell gibt es sehr viele Entwicklungen in der Datenspeicherung, die Zukunft wird zeigen, welche Art sich durchsetzen wird. Der technologische Wandel steigt exponentiell an, sodass Produkte auch immer schneller altern und durch neue Techniken ersetzt werden. Ähnlich wird die In-Memory-Technik als sehr disruptiv gegenüber den anderen bezeichnet, allerdings ist in dieser frühen Phase noch nicht abzusehen, ob diese Technologie wirklich die bisherige Speichertechnik komplett verdrängen wird, da hier das Problem des flüchtigen Speichers noch besteht.

Die Cloud wird in Zukunft die unternehmensinternen IT-Abteilungen stark angreifen und möglicherweise weitestgehend ersetzen, da es für Unternehmen auf lange Sicht rentabler ist, IT zu mieten und mit dem Pay-per-Use-Prinzip maßgeschneidert abzurechnen, dadurch werden große Investitionen in die IT für Projekte überflüssig und die Unternehmen können flexibler agieren. In Zukunft werden solche Wettbewerbsvorteile darüber entscheiden, wer am Markt bestehen bleibt und wer ausscheidet.

8. Ausblick über die weitere Entwicklung

Der DNA-Speicher könnte eines Tages alle bisherigen Techniken ersetzen, da er eine so hohe Speicherdichte aufweist, dass man auf einem Teelöffel DNA alle Daten der Welt speichern könnte. Ein weiterer Vorteil wäre die Datensicherheit, da er mehr als 400.000 Jahre haltbar ist. Es wird allerdings noch eine ganze Weile dauern, bis diese Technik soweit ausgereift ist. Die Lese- und Schreibvorgänge auf DNA sind im Moment noch sehr langsam, äußerst aufwendig und teuer.

Ein anderer interessanter Aspekt ist die holographische Speicherung, anders als bei Disks kann holographische Speicherung auf alle drei Dimensionen der Disk zugreifen, indem der Laser durch Kristalle umgeleitet wird. Daraus resultiert eine deutlich höhere Speicherdichte bei gleicher Größe.[14]

---

[14] (https://www.backblaze.com/blog/data-storage-technologies-of-the-future/, zuletzt geprüft am 03.01.2016)

(http://www.itbusinessedge.com/slideshows/holographs-liquid-state-and-dna-the-future-of-data-storage-07.html, zuletzt geprüft am 03.01.2016)

9. Fazit

Moderne Data-Center werden sich aus verschiedensten Arten zusammensetzen, wie Hyper-Converged-Systems, Software-defined-Storage und großen, skalierbaren Cloud-Speichern, bei denen sich Unternehmen die für ihre Bedürfnisse beste Zusammenstellung aussuchen, um eine optimale Auslastung zu erzielen.

Die Speichertechniken der Zukunft werden eine Mischung aus den verschiedenen vorgestellten Arten sein und sich stetig weiterentwickeln. Es ist wahrscheinlich, dass die SSD in einigen Jahren die HDD größtenteils ersetzen wird. Die HDD wird eventuell für Privatanwender ein Nischenmodell bleiben, um beispielsweise alte Bilder zu speichern, aber in Unternehmen mit ihrer steigenden Nachfrage nach schnellem Speicher keine Rolle mehr spielen. SDS wird sich ebenso etablieren, da es die Vorteile von Software und Hardware nutzt, wie große Speichersysteme einfach zu verwalten, vorhandene Hardware optimal auszulasten und ebenso flexibel einzusetzen. Diese Technik wird die frühere Network-Attached-System (NAS) verdrängen, da sie die räumliche Trennung eines LAN überwinden kann.

Cloud-Computing wird auch eine immer größere Rolle spielen, wenn es um die Vision geht, die IT aus der Steckdose zu beziehen. Cloud-Services werden immer weiter standardisiert werden und somit einfacher in bestehende Systeme einzubinden und ebenso untereinander zu verknüpfen sein.

In Zukunft wird die Cloud als Plattform verwendet und der eigentlichen Wertetreiber die Software sein, die wir in ihr benutzen. Nehmen wir als Beispiel für die Cloud ein IPhone als Plattform, darauf installieren wir Apps, die die Services wiederspiegeln, wie die Kamera App, um Fotos aufzunehmen. Das bedeutet also, dass die Cloud nur die Grundlage ist, um überhaupt erst weitere Software nutzen zu können. Man bezahlt die Software, die man in der Cloud nutzt und nicht den Cloud-Speicher, auf dem die Software liegt.

Ein Problem für neue Techniken am Markt könnte auch der sehr aggressive Wettbewerb für bestehende Entwicklungen sein. Die Gewinne sind relativ niedrig, wodurch es neue Produkte sehr schwer haben, Forschung, Entwicklung und Herstellung in einer angemessenen Zeit zu realisieren, um das Projekt kostendeckend durchzuführen. Das bedeutet, die neue Entwicklung müsste signifikante Vorteile gegenüber den bestehenden Techniken mit sich bringen, um am Markt bestehen zu können.

Die Erfahrungen haben gezeigt, dass es viele Weiterentwicklungen gibt, wie zum Beispiel holographische Speicherung oder ferroelektronischer Ram, alle haben gute Ansätze und auch einige Vorteile, aber keine dieser Techniken schafft es zur Marktreife, da die vorhandenen Verfahren einfach billiger produzierbar sind und sich am Markt etabliert haben.

Speicher wird immer billiger werden und im Zuge dessen werden ihn Unternehmen und Privatanwender dynamischer nutzen. Die "IT aus der Steckdose" wird kommen, so wie früher der

Strom nicht mehr selbst produziert werden musste, sondern vom Kraftwerk bezogen werden konnte, und unser Leben verändern und flexibler gestalten.

Ich denke, die aufgezählten Arten zur Datenspeicherung werden in den Cloud-Servern immer mehr eingesetzt und Unternehmen, die neu am Markt sind, auf solche Angebote zurückgreifen. Unternehmen, die bereits eine eigene IT-Infrastruktur aufgebaut haben, werden versuchen, ihre interne IT bestmöglich mit der Cloud zu verknüpfen und möglichst wenige Schnittstellen zu haben, um einen reibungslosen Einsatz zu gewährleisten. IT-Abteilungen werden auf ein kleinstmögliches Maß abgebaut werden, um Kosten zu reduzieren und bei großer Nachfrage einfach zusätzliches Kontingent extern zu beziehen. Damit sichern sich auch ältere Unternehmen ihre Wettbewerbsfähigkeit, um weiterhin am Markt zu bestehen.

Um Wettbewerb und Unabhängigkeit der Nachfrage-Firmen zu gewährleisten, sollte der Staat darauf achten, dass es genug Cloud-Anbieter gibt und kein Monopol entsteht.

Ein weiterer interessanter Aspekt ist die neue Freiheit, die Unternehmen durch Cloud-Services haben. Mitarbeiter haben die Möglichkeit von unterschiedlichen Orten ihre Arbeit ausführen zu können, die Trends wie Bring-your-own-device tragen zusätzlich dazu bei. Dadurch wäre es auch denkbar, auf Büroräume weitestgehend zu verzichten, wenn es die Art der Arbeit zulässt. Für Mitarbeiter hätte es den Vorteil, ihre Arbeit flexibler einzuteilen und somit eine bessere Work-Life-Balance zu erzielen. Dies hätte wiederum positive Auswirkungen auf das Unternehmen, wie zum Beispiel eine gesteigerte Produktivität.

10. Literaturverzeichnis

(Plattner, H., & Zeier, A. (2011). In-Memory Data Management – An Inflection Point for Enterprise Applications. Springer.)

(http://www.com-magazin.de/praxis/business-it/zentrale-versus-dezentrale-it-infrastruktur-968695.html?page=2_der-goldene-mittelweg-an-stelle-von-patentrezepten, zuletzt geprüft am 03.12.2015)

(http://www.computerwoche.de/a/logistik-it-besser-zentral,2551308, zuletzt geprüft am 18.11.2015)

(http://www.zdnet.com/article/the-future-of-storage-2015-and-beyond/, zuletzt geprüft am 03.12.2015)

(http://www.computerwoche.de/a/die-geheimen-schwaechen-der-ssd,2501912,5, zuletzt geprüft am 09.12.2015)

(http://www.infostor.com/disk-arrays/future-of-data-storage-8-technologies-changing-storage-1.html, zuletzt geprüft am 03.01.2016)

(http://www.speicherguide.de/management/big-data/big-data-mehr-als-nur-speichern-grosser-datenmengen-15380.aspx, zuletzt geprüft am 04.12.2015)

(Plattner, H., & Zeier, A. (2011). In-Memory Data Management – An Inflection Point for Enterprise Applications. Springer.)

(http://www.tecchannel.de/storage/management/2045834/software_defined_storage_schafft_flexibilitaet/, zuletzt geprüft am 18.11.2015)

(http://www.searchstorage.de/definition/Software-defined-Storage-SDS, zuletzt geprüft am 18.11.2015)

(http://www.pwc.de/de/prozessoptimierung/die-unternehmens-it-zieht-es-mehr-und-mehr-in-die-wolke.html, zuletzt geprüft am 02.12.2015)

(http://www.pcwelt.de/ratgeber/Cloud-Geschaeftsmodelle-1486127.html, zuletzt aktualisiert am 04.03.2011, zuletzt geprüft am 19.11.2015)

(http://wirtschaftslexikon.gabler.de/Definition/cloud-computing.html, zuletzt geprüft am 19.11.2015)

(http://www.computerwoche.de/a/paas-anbieter-im-vergleich,3066351, zuletzt geprüft am 08.11.2015)

(http://www.pwc.de/de/prozessoptimierung/cloud-computing-gehoert-die-zukunft.html, zuletzt geprüft am 05.11.2015)

(http://cloud.t-systems.de/cloud-themen/big-data, zuletzt geprüft am 03.12.2015)

(http://www.computerwoche.de/a/6-irrtuemer-bei-der-cloud-integration,2506424,2, zuletzt geprüft am 04.12.2015)

(http://www.itbusinessedge.com/slideshows/holographs-liquid-state-and-dna-the-future-of-data-storage-07.html, zuletzt geprüft am 03.01.2016)

(http://www.cloudcomputing-insider.de/wan-optimierung-als-zentrales-element-von-cloud-computing-a-430736/, zuletzt geprüft am 17.12.2015)

(https://www.backblaze.com/blog/data-storage-technologies-of-the-future/, zuletzt geprüft am 03.01.2016)

(http://www.itbusinessedge.com/slideshows/holographs-liquid-state-and-dna-the-future-of-data-storage-07.html, zuletzt geprüft am 03.01.2016)

(Cloud Computing im Mittelstand, PricewaterhouseCooper AG, Auflage Mai 2011)

http://www.notebookcheck.com/SSD-versus-HDD-im-Vergleich.18732.0.html

http://www.pc-magazin.de/ratgeber/ssd-oder-hdd-hybrid-vorteile-nachteile-festplatten-ratgeber-1472408.html

(http://www.cio.de/a/cloud-computing-und-die -angst-vor-versteckten-kosten,2214079)

Bildquellen:

http://www.it-zoom.de/fileadmin/_processed_/csm_moba-cloud-backup-lucretious_sxc_800_01_be7d8478c0.jpg

http://wirtschaftslexikon.gabler.de/media/652/21371394.jpeg